官箴荟要

十一

线装书局

目录

治镜录集解　〔清〕隋人鹏　撰　一
当官功过格　二
功格六十八　二
过格四十六　六一
县令箴　一〇一
祥刑要语　一〇二

治镜录集解

〔清〕隋人鹏 撰

《治镜录集解》系清代莱阳人隋人鹏所作。他在受命视学西蜀时，得见遂州张运青《士镜录》，每日与诸生研讨，后又见张著《治镜录》一编，首载《当官功过格》，其中凡有利于民者务兴，有害于民者务去，条分缕析，璨然具备。后面还附有《县令箴》和吕叔简的《祥刑要语》，尤其是《祥刑要语》，『叮咛告诫，谆复不置，诚足为临民之宝鉴。』隋人鹏鉴于《士镜录》已有注解，而《治镜录》多为人所忽视，所以对此书加以集解，先叙述每一条的内容，然后举出与此内容有关的实例，予以具体说明。

这里，特别要指出的是，《祥刑要语》对慎重用刑提出了很多实例，对今天司法机关的立案、审案不无参考意义。

当官功过格

功格六十八

催征有法，劝谕输将，清楚完欠多少，恩威并用，不烦敲扑，而钱粮毕办。算功。

阳城自署其考曰：『抚字心劳，催科政拙，考下下。』人咸景仰其行。若不烦敲扑，而钱粮毕办，则催科之中寓抚字矣，所以算功。

审编里役，差遣均平，使合县受福。算功。

杜氏《通典》云：古之为理也，在于周知人数，乃均其事役，则庶工以兴，国家富足，教从化被，风齐俗一矣。然则户口之于力役，其所关者岂微哉！故均平则受福不浅，此审编之功也。

清核地亩，钱粮井井有条，使胥吏保歇，不得欺隐致累小民。算功。

按：郭谘淳化中监通利军，摄肥乡令。时田赋不平，岁久不治。谘到职，念曰，赋税不均，则富户独免，贫民受困，隐占益多，逃亡愈甚，公家之课将益亏矣，是令罪也。乃闭阁数日，以千步方田法，四出量括，遂得其数，除无地之租者四百家，正无租之地者百余家，藏逋赋八十万，流民皆复。观此则丈量之法，未始不可行，须得如谘者。除其无地之租，则不致赔累；正其无租之地，则不致隐占。庶贫富不至交困，而逃亡得以复业矣。谁谓其扰民乎。

遇大灾、大荒能早勘、早申，力请蠲赈，设法救活多命。功倍算。

救荒如救焚，以早申为贵；赈恤多阻滞，以力请为贤。

按：汉第五访守张掖，岁饥，粟石钱数千。访乃开仓赈给以救，吏惧谴，争欲上言。访曰：『若须上报，是弃民也，太守愿以身救百姓。』遂出谷赈之。顺帝玺书嘉美，繇是一郡得全。岁余，官民并丰，界无盗贼。

按：宋范纯仁知庆州，饿殍载路，官无谷以赈，公欲发常平封贮粟麦赈之，州郡官皆不欲，曰：『常平擅支，获罪不赦。』公曰『环庆一路生灵付某，岂可坐视其死而不救。』众皆曰：『须奏请得旨可也。』公曰：『人七日不食即死，岂能待乎！诸公但勿预，吾独坐罪耳。』或访其所活不实，诏遣使按。时秋大稔，民讙曰：『公实活我，忍累公耶！』昼夜输纳常平，迄按使至，已无所负矣。

遇残苦，地方能申请减赋停征。算功。

饥荒馀黎，得不即填沟壑幸矣。去籍或尚有还定之时，督逋则遂无孑遗之望。若犹不少贷者，无乃甚于屠剑手，与申请减赋，匪以为惠也，是则有人心者之常焉耳。

按：宋郑骧知溧阳县。岁饥，民多逃亡，漕司按籍督逋赋不少贷，骧患之，尽去其籍，使者欲绳之以法，骧曰：『著令约二税为定数，今不除则逋愈多，民愈不办。』使者不能屈，卒听之。

按：宋刘挚为冀州南宫令。其俗凋敝，赋甚重，输绢匹折税钱五百，绵每两折钱三十余，民多破产。挚援例旁

郡条请，裁以中价。转运使怒，将劾之。挚固请曰：『独一州六邑被此苦，决非法意，但朝廷不知耳。』遂告于朝。三司使包拯奏从其议，自是绢匹钱仅三百、绵两十有六。民欢呼至泣曰：『刘长官活我也。』

赈济得实。算功。

何景明《论救荒书》曰：『顷者淮西告灾，命守臣存抚赈贷，窃为民计。大率利一而其害有三，征求之扰，工役之勤，寇盗之忧，此为三害。其所利于民者，独发仓廪一事耳。夫发仓廪，本以利民，而其弊反甚。仓舍一启，豪强骈集，里胥乡老，匿贫佑富，公家之积，只以饱市井游食之徒，而野处之民曾不得见糠秕。富者连车方舆，而贫者曾不获升斗。乡民有入城待给者，资粮已尽，日贷饼饵自啖，而卒不得与，比其少得不足偿贷，反因是等死，耳

闻目睹，可为痛扼。夫欲有所与，必先为去其所夺。养驯兔者不畜猎犬，植茂树者不寻斧柯，以其近害也。故止沸不抽其薪，徒酌水浥之，沸不见止。养人饲其口腹，而割其股肉，终不得活。今三害未去，而欲兴一利以救民之凶也，何以异此。』是书不减郑一拂流民图疏，其剀切更过之，司牧者熟体而善味之，赈济何患不得其实哉！

较准大小法马，严加防范稽查，使吏胥不得出轻入重。算功。

大凡事体一经衙门，即为胥吏作家耳。官虽清，而吏不肯廉；官虽省事，而吏不能无事。地之极清淡者，无如广文；职之极卑微者，无如仓巡驿库。莫不如此，而况于赋税之烦秽乎！慎择官而少补吏，斯亦塞源澄流之要也。

按：宋时，马伸为成都郫县丞。到任未几，会纳冬米，成都浩穰守以委伸。伸辞以多弊不可为，守问其故，伸曰：『弊之大者，由诸司吏人封抄，拒之则速祸。』守曰：『君既知其弊，何辞？』伸至场中，诸色人果丰饮食玩好，文饰美女，凡可以蛊𬣙者，无所不至。前此主者不能自谨，一堕计中，则束手受制，莫敢谁何？伸乃逐一严察，吏卒不容纤芥，负米至者，略无亚滞。时仓使孙侯按部早行，见负担者道傍假寐，怪问之，皆曰：『今好受纳官，某等至无激沮，故争先。』诘其主名，曰：『马县丞也。』孙叹息不已，抵郡，即呼吏书牒荐之。即日改秩，伸尝语人曰：『人之利钝自有时，但当行直道，无用千人也。』

设法征解缓急有叙，不苦粮长、里长，不累斋解员役。算功。

官非欲苦累人也，已欲得其甘，而百姓员役不觉其苦累矣。若征解之时，设法而有叙焉，不苦不累，非公而忘私，其孰能之。

按：唐韦皋为陕西观察使，当输租而麦未熟，吏白督之，皋曰：『使民贷田中穗以供赋可乎。』为缓其期而赋罢。

按：宋范仲淹知青州，会河朔艰食，青之赋與置博州纳场，青民苦之。仲淹戒民纳价，每斗三镘，纳钞与之。移书与博守，遣官輓金诣博，坐仓以倍价招之。斋巨榜数道，介其境则张之，且戒曰：『郡不假廪，寄僧舍可也。』至则质者山积，不五日遂足，而博斛亦衍，斛金尚余数千缗，按等差给还之。青民因立像祠焉。

体恤解户收头，革除上下羡余陋规需索积弊，及迟

误非出有心者多方宽恕。算功。

须革除陋规积弊，而后可以谓之体恤。

按：宋张九成守永嘉，民有柑实，每霜后，郡例科采遗权贵，地方苦之。九成罢其税，且勒石以讽来者。

按：南唐关司税重，皆苦之。会畿甸亢旱，烈祖问曰：『外郡皆雨，京城独无何也？』申渐高曰：『雨惧抽税，不敢入城。』烈祖笑而除之。又李茂贞榷油以助军费，因禁松明，张廷范曰：『不如并禁明月。』茂贞因而弛禁。语云，谈言微中，可以解纷信矣。至桓元篡位，忽然地陷，殷仲文曰：『良繇圣德深厚，地不能载。』又南燕冬月不冰，燕主恶之，李超曰：『良繇密迩帝京，掠近日月耳。』嗟嗟，心乎为国者，随事献忠；意在阿君者，百计贡谀如此。

给发役从工食养济口粮如期，并禁吏胥克减。算功。

如期则勤，不减克则慎，勤慎寡过，便是功。

按：两晋何随令安汉，去官时，送吏乏食，乃取道侧民芋，随以绵系其处偿之，民相语曰：『闻何安汉廉，行过从者或无粮，必尔耳。』持绵追还，终不受。

按：明汪一麟以知州升刑曹，给俸银十两，令州民赵锷修船，比行修完。公携家登舟，见缮治坚好，问所费几何？锷以十两对。密唤各匠细查，实用过二十两，乃取银六两，扇三十柄，墨三斤，二物值四两有余，唤锷曰：『吾知尔赔十两，今以三物偿尔。』锷勉受之退。其夫人语公曰：『既知十两，即当偿足其数，而以扇墨酬其劳可耳？』公亟补银四两，锷愈不敢受，公面颈发赤曰：『是则使我不如一妇人矣。』必不许辞。此虽不及何安汉之赤

贫，然其夫妇处心积虑，与安汉系绵偿芋，同一揆也。嗟乎，世之去官而犹取铺户，与夫克减工价，仍作威自如者，当以此醒之。

念一丝一粟皆出自民力，能检点爱惜，淡泊自甘者。算功。

省费则寡营，寡营则鲜欲，斯志行嚼然，足以维持风俗，而爱养生民。

按：宋邵必知高邮，振厉风采，凡宴集馈送，一切谢遣。尝曰：『数会聚则人情狎，多受馈则不能行事。』时谓名言。

按：宋杨简知温州，廉俭自将，所奉最菲。尝曰：『吾敢以赤子膏血自肥乎！』闾巷雍睦，无忿争声，民爱之如父母，咸像事之。

上司能裁减供应者。算功。

古来举大事动大众，未有不与下同劳苦，绝甘分少，而能得其效用者，圣君贤相，大将良吏，往往而然，非独冀悦服也。举心加彼，推恩可以保众，渊明所谓『彼亦人子』耳。若自奉甚厚而草芥其下，虽有疾苦，若罔闻知，岂贤达之所为用心乎。

按：南齐赵郡王叡，伟容仪，习吏事，年十七刺定州。诏领兵监筑长城，时正溽暑，叡途中屏盖扇，亲与军人同劳苦。长吏馈以冰，叡叹曰：『三军皆饮温水，吾何忍独进寒冰。』遂至消液，竟不一尝，兵人感悦。

禁止民俗妄费。算功。

民俗俭朴，则风俗醇厚，而国有蓄积。若躬行节俭，而其下化之，则效尤普矣。

按：宋孙觉知福州。闽俗厚于婚丧，尤酷信风水。男女有垂老而不能婚者，丧有相继而不能葬者。觉乃晓以礼仪，裁以中法，使富家不得过百缗，令甫出，而婚娶者数百家，葬埋费减十之五，民甚便之。

亲讲乡约，劝惩有方。算功。

子游宰武城，以礼乐为教，而弦歌之声不绝，后世称贤令者，必首及之。汉承秦弊，网密矣，惟文翁于此，殆庶几焉。若君子小人，求所以学道恐未也。宋则名儒辈出，教化大行。如周、程、张、朱诸先正，莫不惓惓以崇礼明伦，辨义利变气质为训。而子静讲皇极代醮一事，其从俗变化之道，即子游宰武城曷让哉。盖天生斯民，使先觉觉后觉，有斯民之责者，诚雅志觉民，其必先自觉哉。

按：宋张载令云岩，其政以敦本善俗为先。每月吉号霸王社，椎剽夺囚，无不如志。巩配三十一人，属为保伍，使稽察其民人行旅，出入经宿皆有籍记。有盗则鸣鼓相援，设方略，明购赏，急追捕，且令自首。忽有葛友名在捕中，一日自出首，巩假以饮食冠裳，及骑从辇所购金帛，夸视四境。盗闻多出首，遂息。

遇兵盗窃发，能预为防范，力为捍御，免百姓被难。功倍算。

按：周官士师掌追胥之比，司厉掌器货之辨，野庐掌畿内之守，修闾掌城内之禁。古昔盛时，所以防盗者无所不至，非但以示国威之严肃，实因以防非常之猝变。盖天下事，孰有不起于细微哉！盗贼之患，人类以为不足惜，而不知祸尝起于不足恤，而驯至于不可救。然而其致之也靡不有因，或起于征役之穷苦，如秦之胜、广，汉武

之群盗，隋之王簿辈，宋之方腊，元之方国珍是也。或起于妖术之惑众，如汉之张角，晋之孙恩，宋之王则，元之韩山童是也。或起于才能之遗落，如唐之黄巢，宋之张元、吴昊、黄师密、徐柏祥是也。其治盗之能，莫如龚遂之教化，张敞、张纲之名望，贾琮之清平，不烦刑而自定。他若虞诩之三科，李崇之楼鼓，吕元膺之诚信，窦俨之义营，张咏之恩威，皆足称焉。苟过于严，则为汉之范昆，而沈命之法起。过于宽，则为宋之王继恩，而纵敌之弊生，蔑有济矣。若夫置州郡之兵，选捕盗之官，明赏罚之法，去冗官，用良吏，以抚疲民四事，则欧阳修之策也。广修遗逸之路，则富弼、苏轼之策也。而其本则不出于范祖禹所谓开衣食之源，立教化之官。先之以节俭，示之以纯朴，抑游惰，正风俗，笼取其豪杰，而不穷治其党与，如秦

观所云，则啸聚之风，庶其可息矣。有斯民之责者，当三复之而勿忽焉。

按：汉龚遂守渤海时，左右郡岁饥，盗贼群起，二千石不能擒治。丞相御史举遂可用，召遂见，上谓遂曰：『渤海废乱，朕甚忧之。卿欲何策息彼资贼，以称朕意。』遂对曰：『海滨遐远，不沾圣化，其民困于饥寒，而吏不知恤，故令陛下赤子弄兵于潢池耳。今将欲使臣胜之耶，将安之也。』上曰：『选用贤良，欲安之耳。』遂曰：『臣闻治乱民犹治乱丝，不可急也，惟缓之然后可治。臣愿丞相御史，且无拘臣以文法，得一切便宜行事。』上许之。赐黄金，赠遣乘传，治渤海界。移书属县，悉罢逐捕盗贼吏，诸持鉏钩田器者，皆为良民，吏毋得问。持兵者乃为盗贼。遂单车独行至府，郡中翕然。盗贼亦皆罢散，弃其弓弩而持

鉏钩，民乃安土乐业。遂即开仓廪假贫民，选用良吏，慰安生养焉。

按：唐冯瓒知梓州，才数日，会伪蜀军将上官进，啸亡命三千余众，劫掠村民，夜攻城池。瓒曰：『贼乘夜掩至，此乌合之众，以箠楚相击耳，可持重以镇之，待旦自溃矣。』城中止有骑兵三百，使守诸门。瓒坐城楼，密令促其更筹，未夜分击五鼓，贼惊遁，因纵兵追之，擒上官进斩于市，余尽不根治，郡内以安。

能禁戢势宦豪奴，使不得凌虐小民者。算功。

国家执法之臣，能为天子引绳切墨，其所禁戢，当复不少。夫惟不畏强御，斯不侮矜寡，厥外刚方切直，厥中必仁。彼其所谓守正，要以为百姓耳。虽天子且不敢阿，况下是乎，于以惩贪冒、窒躁竞，若冰炭之于寒热，有不

待户告矣。

按：唐杨德干令万安。高宗朝有宦官恃宠放鹞，不避人禾稼，德干杖之，悉拔去鹞头。宦者涕泣袒背以诉于帝。帝曰：『情知此汉狞，何故犯他百姓。』

按：唐许孟容为京兆尹，军吏李昱贷富人钱八百万，三岁不肯归。孟容遣使捕诘，与之期偿，曰：『不如期耳死。』一军尽惊，诉于朝，宪宗诏以昱付军治之。再遣使不听。奏曰：『不奉诏，臣罪当诛。然臣司辇毂，为陛下抑豪强，钱未尽输，昱不可得。』帝嘉其守正，许之。京师豪右大震。

出冤枉死罪，及军流徒罪。算功。减罪者减半算。

昔人谓治狱所以不得其平者，盖有数说。吏与利为市，固所不论。而或矜智巧以为聪明，持姑息以惠奸慝。

上则视大官之趋向而轻重其手，下则惑胥吏之浮言而二三其心。不尽其情，而一以威怵之；不原其初，而一以法绳之。如是而求其冤之不滞者少矣。故余谓君子之理狱也，须平心静气，务曲尽其下情，乃可以言平反之道。

按：宋钱即为睦州判官。会有大狱，久不决。部使者以宿怨檄即往，挟荐牍劝之，意在罗织也。即曰：『吾宁老冗选中，岂忍杀人媚人，以博一荐乎！』狱皆平反。

按：宋林积判循州。尝覆大狱，多平反，忤部使者意。使者初欲荐积，因是已之。积曰：『失一荐剡，而活五十余人，所得孰多。吾复何憾焉。』

严禁佐贰不得擅系犯人。算功。

犯人一至佐贰衙门，便难得公道，定例不准佐贰擅准词讼，正有由也。必严禁之，始与例无违。

按：宋陈升之知汉阳。其俗好藏交亲尺牍，值讼则投公庭，据以推诘。升之谓此告讦之习，不可长也，请严其禁，识者快之。

按：宋胡霆桂为铅山主簿。时私醋之禁甚严，有妇诉姑私酿者，霆桂诘曰：『汝事姑孝乎？』曰：『孝。』曰：『既孝，可代汝姑受责。』以私醋律笞之。政化大行。

准词只差原告，或干证，或里长，不差衙役扰民，必不得已差人，能严禁索诈。算功。

奸胥猾吏，若辈不利无事，怂恿官府，征输克剥，是不一途。上开一孔，下钻百窦。纳贿一身，丛怨万里。豪富之家，犹能支吾。乃若山谷僻陋，矇叟孤稚，目不识文告，耳不辨官音，舌不解敷陈，手不能诉写。见里长则面色青黄，望公门则心战胆栗。望风索骗，幻弄吞侵，告讦日繁，狱讼日滋，罪苦日长，愁怨日盈。惟不差，惟严禁，而民始无苦累矣。

耐烦受诉，使两造各尽其情。算功。

听讼须要耐烦，不耐烦则急躁成性，不免武断，故惟耐烦而后可以尽情也。

按：宋汪待举知处州，为政曲尽下情。民有争讼，呼之使前，面定曲直，不假手属吏，百姓颂曰：『官舍却如僧舍静，吏人浑似野人闲。』

听审不受嘱托。算功。

受嘱托则不虚，不虚则不公，欲求平允难矣。听审者以人命徇情，于心何忍！

按：宋陈襄为薄城簿。会邑令缺，襄摄县事。邑多世族，前后令罕能制，蔽蒙请托，习以为常。襄夜寐夙兴，务究其弊，讼之难听积久者，穷极本源，剖决无留。每听讼，必数人环列于前，私谒者无所发，繇是邑人知不可干，境内肃然。

听讼得平，能诲诱顽民平其忿心，使息争省讼。算功。

得平则令人服，能诲则令人感，亦使无讼之一道也。

按：唐韦景骏为贵乡令。民有母子相讼者，景骏谓曰：『吾少孤，每见人养亲，自恨终天无及。汝幸在温凊之地，何得如是！锡类不行，令之罪也。』因涕泣呜咽，仍取《孝经》付其子，令归习读。于是母子感悟，各请改悔，遂称慈孝。

按：唐韩思彦以御史巡剑南。益州高赀兄弟相讼，累年不决，思彦敕厨宰饮以乳。二人感悟，啮肩相泣曰：

『吾乃夷獠，不识孝义，公将以兄弟共乳而生耶！』乃请辍讼。

不嗔越诉，只平平照常理断。算功。

按：汉陈寔除太邱长，修德清静，百姓以安。邻县人户归附者，寔辄训导譬解发还，各令归本境。司官行部，吏虑有讼者，白欲禁之，寔曰：『讼以求直，禁之，理将何申？』亦竟无讼者。寔在乡里，平心率物，或有争讼，辄求判正，晓譬大义，退无怨者。至乃叹曰：『宁为刑罚所加，不为陈君所短。』

按：宋张齐贤在平章。真宗时，戚里有分财不均者，更相讼，又入宫诉。齐贤曰：『是非台府所能决，臣请自治。』上俞之。齐贤坐相府，召讼者问曰：『汝非以彼所分财多，汝分少乎？』曰：『然。』命具款。乃召两吏，令甲家入乙舍，乙家入甲舍，货财无得动，分书则交易。明日奏闻，上大悦。曰：『朕固知非卿莫能断也。』

听断平心和气，不疾言怒色。算功。

明道曰：凡为人言者，理胜则事明，气忿则招拂，而况于听断乎！必心平气和，而后可以情罪得当也。概以盛气加之，曲直有不倒置者乎！

按：宋张洽司理袁州。初至袁，有兄弟争财讼者，洽谕之曰：『讼于官，祗为吏胥之地，且冒法以求胜，孰与守分以全手足之爱乎！』辞气恳切，闻之无不感化者。

百姓未经呈告，不以聪察见长，发人隐微。算功。

黄石斋曰：官府簿书如麻，下情阻隔，或乘其聪明，或乘其火气，或乘其忙错，种种皆能枉人。及文案既定，两院报招，则卷舒为艰，有明知其枉而已无如何者。居官之难，其难其慎，正不在依违二三，在虚心观察。

按：宋傅尧俞守徐州。前守侵用库藏，俞设法偿之。未几，俞罢，后守复以文移俞，当偿千缗。俞竭资贷之。后钩考得实，俞亦不辩。俞尝曰：『以帷簿之罪加于人，最为暗昧，万一非辜，则令终身被其恶名。至使君臣父子之间，难施面目，言之得无认乎。』

人命立时亲验，假者坐诬，真者随即亲审，或故或误，为首为从，分别定罪，不致游移千连。算功。

昔人治狱，不贵徒宽，贵能为民辨冤耳。盖狱词之具，不过一彼一此之间，有受诬者，即有侥幸者，何以遏恶而伸善类，使两服其心无憾乎！刑官而欲高大其门，钦哉，钦哉。

按：张逸知益州。华阳驺长杀人，诬道旁行者。县令受财，狱既具，乃使杀人者守囚。逸曰：『囚色冤，守者气不直，岂守者杀人乎？』囚始敢言，而守者果服，立诛之。蜀人呼以为神。

缢死、投水、服毒死，审非真正威逼，情可原宥者，不加重罪，以长轻生之习。算功。

《日纂》有云：人命关天，惟诬赖一节最极惨酷。下辈恃此放刁，至奴仆胁主人，顽佃梗业主，妻妾制夫长。一有不虞，则乡族乘而攘臂，缙绅因而磨牙，抢家私，辱妇女，缚尸灌汁，以求贿赂。则有子激死母，妻气杀夫，恃多男为赖死之根，指富家为甘脆之货。则有儒绅视奴仆，衣冠族乞丐，阴施阳设，朝怨夕喜。则有虐尸烧骨，踏门破屋，贪冤对袖手旁观，富亲戚遭殃坐罪，种种未易殚述。世之长官独谓尸场一检，足以辨冤称快，而孰知鱼

麋肉烂，鲸吞虎噬，已至此也。此弊不革，不惟启人自杀，且令父子兄弟以死为利，暴尸减法，揣其情蹊，与手刃无异。今既难概置不理，但严诬告加等之法，凡药死、缢死、投水死而不即首明者，拟问如律。其系亲人逼死，以为图赖之本者，勘明重处。有乘乱索骗，冒认挟打者，严究号令。庶亲戚无利死之心，乡族无搬抢之害，其保全不既多乎！余喜其说诬赖情弊，详尽逼真，故录此。

犯无重情及赃罪易完者，容保在外，勿轻送狱，热审冷审，多放出轻犯。算功。

按：清献公出察青州。每念一人入狱，十人罢业，株连波及，更属无辜。且狱禁中，夏有疫疾泾蒸，冬有瘅瘃冻裂。或以小罪，经年桎梏；或以轻系，迫死就亡。狱卒囚长需索凌辱，尤可深痛。时令人马上飞吊监簿查勘，以

狱囚多寡定有司之贤否。行之期年，州县属吏无敢妄系一人者。邵尧夫每称公盖仁于存心而善化酷吏者，信夫。

按：隋辛公仪刺平州，下车先至狱所，决断十余日，囹圄一空。讼有应禁者，公仪即外宿，人问其故，公仪曰：『吾不能使民无讼，岂忍禁民在狱而安寝于家乎！』罪人闻之，咸感激泣下。后有讼者，父老晓之曰：『此小事也，何忍勤劳使君。』多两让而止。

重治不孝一人，重治叛奴一人，重治访行、赌行、打行一人。算功。

按：汉尹翁归守东海，明察郡中吏民贤不肖，及奸邪恶名尽知之，各有记籍，吏民小解，辄披籍。县县收取黠吏豪民，案致其罪，以一警百，吏民皆服，改行自新。东海大憝郯许仲孙以奸猾乱吏治，郡中苦之。二千石欲捕者，辄以力势变诈自解，终莫能制。翁归至，论弃仲孙于市，一郡震怖，莫敢犯禁，东海大治。

按：宋胡朝颖判嘉兴时，郑清之家奴暴横。朝颖寘诸法，遗书于郑云：『以天子之命，挞宰相之家臣，罪当避位。』清之以书闻上，上喜曰：『得一佳士矣。』

用刑有方。老幼醉病及妇女非犯奸弗打。尊长告卑幼、百姓告衙役，虽失实勿打。已拶、已夹、要枷弗打。算功。

横渠曰：肉辟于今世死刑中取之，亦足宽民之死过，此当念其散之之久。

按：宋苏颂知亳州。有豪妇罪当杖而病，每讯之未愈。谯簿郑元孚谓颂子曰：『尊公高明以政称，岂可为一妇所绐，但谕医如法察之明矣。』颂曰：『万事付公议，何容心焉。若言语轻重，则人有观望，必有不得其死者，悔将何及？』既而豪妇果病死。元孚惭曰：『我辈小人，岂测夫君子之用心哉！』

不偏护原告，不喜奉承迎合之言。算功。

《咸之象》曰：君子以虚受人。伊川《易传》曰：中无私主，则无感不通。以量而容之，择合而受之，非圣人有感必通之道也。观此，则听讼稍有私主，便不能感通，欲得其情难矣，况徇情而喜谀乎。

事到据理直断，及到别衙门随其展辨，不以成心迁怒翻案。算功。

有成心者无虚心也，无虚心者有私心也。能据理直断，自不以成心迁怒矣。此理欲之不容并立也。

盗贼拿到即审，务得真情、真赃，不许捕役私拷，不

委衙官混供，不许扳累无辜，不专靠极刑招承，无枉无纵。算功。

查定例，强盗拿获之日，交与印官审理，不许捕官私审。未审之时，承问官即验有无伤痕，如无伤者，于招内开明，并无私拷伤痕字样。又例载强盗初审，自行招认夥盗之数，明白供出失主者，即行归结，不准其再行妄扳，承审者不可不知。

按：宋沈畸值蔡京当国时，会吴门盗铸狱起，京欲陷刘达妇兄章綖辈，遣私人鞫之，株至千余。命畸为勘御史往勘。畸至吴，即日决释无左验者七百人。叹曰：『畸为天子耳目，岂可以权要之喜怒，杀此无辜而苟富贵乎！』

无力犯人，当时放释。纳赎、徒罪，亦准召保，使免监

禁之苦。算功。

律文甚严淹禁，诚以人犯一到狱中，禁卒索诈不遂，即百凡凌虐，受苦万状。轻罪人犯，或释放、或召保，可谓矜恤狱囚矣。

按：宋陈太素为大理详议官，每临案牍，至忘寝食，大寒暑不变，或止之，答曰：『囹圄之苦，岂不甚于我也。』

追赃有法，禁攀害亲友，以保无辜，及能为开豁者。算功。出己财代完者，倍算。

圣王之政，罪人不拿，况其亲友乎！若因追赃而攀害亲友，则株连者众矣。岂不贵于能开豁者与？

重犯无家属者，照例申请囚米，例有不合，自为设处。算功。

按：宋马默知登州。先是沙门岛罪人，旧制有定额，官给粮者三百人，溢额则取其人投之海中。默建言：『朝

廷既贷其生矣，即投之海中，非朝廷本意。今后溢额，乞选年深自至配所不作过人移登州，以彰朝廷不杀之德。』神宗深然之，即著为制，自是多全活者。

供招自为点检，不容胥吏上下其手。算功。

一不检点，胥吏即乘间而上下其手矣，可不慎欤！

按：北魏朱胜令吴，廉静寡欲，勤政爱人。尝曰：『吏书贪，吾词不付房；隶卒贪，吾不妄行杖；狱卒贪，吾不轻系囚。』

严戢捕役、牢头飞诈良善。算功。

捕役诬良搜赃，牢卒教囚诈害良善，处处皆有，略少稽察，此辈便肆行无忌，故以严戢为要。

严禁狱卒、牢头勿肆凌虐，使囚得安宁。算功。

查律注，凡在禁狱囚，虽系有罪之人，然各有应得之罪，非狱卒所得纵肆凌虐。若非理欺凌，殴伤罪囚者，依凡人斗殴律。此有狱官之当留心者也。

牢瘟缠染，命狱官、狱卒扫除积秽，多然苍术，夏贮凉水，冬给草荐、姜汤，使囚得方便。算功。

叶南岩先生刺蒲时，亲捣药以医诉者。时有群斗者，诉一人流血被面，脑几裂，公见之恻然，因入衙自捣刀疮药，令舁至幕廨，委谨厚廨子及幕官曰：『善视，勿令伤风。此人死，汝辈责也。』其家人不令前。乃略加审覆，收仇家于狱而释其余。友人问故，公曰：『凡人争斗无好气，此人不即救，死矣。此人死，即偿命一人，寡人之妻、孤人之子，又干证连系，不止一人破家。此人愈，特一斗殴罪耳。且人情欲讼胜，虽骨肉亦甘心焉，吾所以不令其家人

相近也。』未几，人愈讼息，保全者甚众。读此数语，可谓曲尽人情世弊，为吏者志之。

禁恶俗，如淹女、火葬、宰牛、酗酒、掠卖、打鸟等类。算功。

按：汉童恢令不其，小民有犯法违禁者，辄随方晓示。若吏称其职，人行善事者，皆赐以酒肴之礼以劝诲之。耕织种收皆有条章。一境清静，牢狱连年无囚。比县流民归化，徙居二万余户，皆务农桑。

外史氏曰：吴俗，七月三十或二十九，开元寺点肉灯会，其状甚惨。是日男女混杂，亦不可言喻，诚采而厘正之，真扶世之大化也。若曰俗弊难革，应抚张玉笥先生首禁吴民火葬，不其明验欤。

按：宋黄震知广德州。有祠山庙，岁合江淮之民祷

祈者数十万姓，皆用牛，郡恶少挟兵刃，舞牲迎神为常，争斗以致犯法。其俗又有埋藏会，为坎于庭，深广皆五尺，以所祭牛及器皿数百纳其中，覆以牛革，封锢一夕，明发视之，失所在。震以为妖，而杀牛淫祀非法，言之诸司，立禁绝之。

劝戒同僚行善止恶。算功。劝戒上司，倍算。

按：汉任延拜武威守，帝亲戒之曰：『善事上官，无失名誉。』延对曰：『履正奉公，臣子之节。上下雷同，非陛下之福。善事上官，臣不敢奉诏。』帝叹曰：『卿言是也。』既之武威，将兵长吏田绀，郡之大姓，其子弟宾客为人暴害。延收绀系之，吏民大悦。

按：唐何易于令益昌。刺史崔朴行春，与宾客泛舟，出益昌，索民挽縴，易于即腰笏身自引舟，朴警问故，易

于对曰：『方春，百姓耕且蚕，惟令无事，可代其劳。』朴愧，疾跳出舟，与宾客借骑驰去，闻其贤，亦不罪。

瘟疫疟痢盛行，开局施药，垂死而得生者。算功。

按：隋辛公仪刺岷州。俗甚畏疾，一人有疾，阖室避之，即父子夫妻亦不相顾。公仪欲变其俗，凡有病者，悉举置厅事，亲自抚摩，昕夕对之理事，所得秩俸，尽市药医疗，躬视其饮食，于是悉瘥。乃召其亲戚子弟而晓之曰：『死生有命，脱若相染，吾死之久矣。汝等勿复疑之。』诸病家皆感泣惭谢而去，合境呼为慈母。

按：宋陈尧叟为广西转运使。岭外地气蒸暑，遍为置树道旁，凿井置亭舍，民免暍死。其俗病者惟祷祀，不知医。尧叟集验方刻石州邑，自是民知医药。

葬一死人，收养孤老。算功。劝其亲戚收养。倍

算。

按：南梁顾宪之为衡阳内史，先是郡遭疫，岁死者大半，多弃之道旁，宪之命属县悉令埋葬。又俗有病者，妄云先亡为祸，即发塚剖棺，水洗枯骨，名为除祟，大伤风化，乃谕而止之。时刺史王奂至衡阳，独无讼事，乃叹曰：『顾衡阳之化矣，若九部率然，吾将何事。』

掩埋暴露枯骨。算功。

昔文王之仁泽及枯骨，今能掩埋，不使之暴露，亦仁人君子之事也。若设义塚，埋葬无主尸骸，功德更大。

役使地方民及衙门人，聚从宽厚。算功。

三代役法，莫详于周。《周礼》伍两军师之法，此兵役也；师田追胥之法，此徒役也；府史胥徒之有其人，此胥役也；比闾族党之相保，此乡役也。有司徒焉，则因地

之美恶而均役；有族师焉，则校民之众寡以起役；有乡大夫焉，则辨民之老少以从役；有均人焉，则论岁之丰凶以行复役之法。故其事力也相称，其为役也适平。而又轸念国中之民，与夫贵贤能劳老疾之人，及其新氓则无征役，凶札则无力政。此皆先王行役民之义，而存仁民之心者也。

用物照价平买，不倚官势亏民。算功。

按：宋杜衍知凤阳。夏人初叛，天下苦于兵，自陕以西尤甚。吏缘以侵渔，调发督迫，至民破产不能足，往往自经投水以死。衍在永兴，语人曰：『吾不能免汝，然可使汝不劳而集。』乃为之区处计较，量物有无贵贱，道里远近，宽其期会，使以次轮送。繇是物不踊贵，车牛刍秣，宿食往来如平时，而吏束手无所施，民比他州费省十之

者，同算。

济人之急，恤人之难，此盛德之事也。

按：宋袁韶父为郡小吏，给事通判厅，勤谨无失，年近五十无子。其妻出资往临安置妾，见妾以麻束发而饰以采，问之，泣曰：『妾故赵知府女也，家四川。父没，贫不能归，计鬻妾以归葬耳。』即送还之。其母泣曰：『计女聘财，犹未足归，费且用破矣，将何以酬汝？』徐曰：『贱吏不敢辱娘子，亦不敢索原聘，且倾囊助归。』及旋家，妻问以妾故，曰：『吾无子，命也。若有子，汝岂不育，必待他人妇乃育哉！』妻大喜曰：『君设心如此，行当有子矣。』后生韶，官浙西制置使，大有惠政，赠太师越国公。此德报也。

接文士下寮，有礼无慢。算功。

按：东晋唐彬刺雍州。初下教曰：『此州名都，士人林薮。处士皇甫申叔、严龙舒、姜茂时、梁子远等，并志节清妙，履行高洁。入境望风，有怀饥渴，思加延致，待以不臣之典，幅巾相见，论道而已。岂以吏职屈染高规，郡国备礼发遣，以副于邑之望。』于是四人皆到，彬敬而待之，以次进用，各任显要，州邑大治。

按：宋程珦令进贤，临民以庄，政宽而明，令简而信，抑强扶弱，导以恩义。暇则宾贤礼士，进其子弟之秀者，与之均礼，陈说《诗》、《书》，质疑问难，无间蚤暮。势位不得以交私，祠庙非祀典不谒。隐德潜善，无间幽明，皆表而出之，以励风俗，或周其穷厄，俾全节行，邑人化之。

开报生员优劣，采访的确，使人知劝惩。算功。

生员之优劣，惟教官知之，然亦不可偏听也。近例令州县教官各自开报，不得互相关会，诚善政也。但开报优生，多品行端方，居家孝友等语。开报劣生，则多用不务正学，官墙败类等语。殊属浮泛，须令其将确实款迹密报，不得以浮词塞责，而后再加采访，乃可以得的确耳。

按：宋蔡襄知泉州，为政精明，知其风俗，善调停之。礼其士之贤者，以劝学兴善，除其甚害。往时闽人多好学，而专以赋应科。时周希孟以经术传授，学者常至数百人。襄为亲至学舍，执经讲问，为诸生率。延见处士陈烈等，尊以师礼，而陈襄、郑穆，方以德行著称乡里，皆折节下之。其子弟有不率教令者，条其事作五戒以教谕之，风教大振。

考较公明，不阻孤寒。算功。

请托路开则不公，较阅未当则不明。不公不明，岂能

为孤寒吐气。为学政者，当念自己为诸生时，习睹幸窦者窜身入学，而单户能文之子，反吞声短气，大为切齿，岂可至身任提衡之责而忘之。

按：汉任延守武威。北当匈奴，南接种羌，延随宜处置，各得其方。又造立较官，自掾吏子孙，皆令诣学受业，复其徭役，章句既通，悉显拔荣进之，郡遂有儒雅士。

为宰辅以格心佐治。为功无算。

伊川上疏曰：三代之时，人君必有师、傅、保之官。师道之教训，傅傅之德义，保保其身体。后世作事无本，知求治而不知正君，知规过而不知养德，傅德之道固已疏矣，保身体之法复无闻焉。臣以为傅德义者，在于防闻见之非，节嗜好之过；保身体者，在乎适起居之宜，存畏敬之心。今既不设保傅之官，则此责皆在经筵，乞皇帝在

宫中言动服食，皆使经筵官知之。有剪桐之戏，则随时箴规；违持养之方，则应时谏止。

按：宋姚坦为益王府翊善。王元杰常作假山，召僚属置酒，众皆褒美。坦独俯首，王强使视之，坦曰：『但见血山，安得假山？』王惊问故，坦曰：『坦在田舍时，见州县督税，上下相急，父子兄弟鞭笞苦楚，血流满身，此假山皆民租所出，非血山而何？』帝闻之，亟令毁焉。王每有过失，坦辄尽言规正。左右教王称疾，帝忧甚，召乳母问状，乳母曰：『王本无疾，以姚坦简束，不得自便耳。』帝怒曰：『吾选端士辅王为善，今乃欲使我逐正人，王年少，岂解此也，必尔辈教之。』于是杖乳母于后园。召坦慰谕之。

为言官以实心匡弼。为功无算。

刘勰曰：昔唐虞之臣，敷奏以言，奏者进也。言敷于下，情进于上也。夫奏之为义，固以明允笃诚为本，辨析疏通为首，强志足以成务，博见足以穷理。酌古御今，治繁总要，此其体也。

欧阳修曰：谏官者，天下之得失，一时之公议系焉。天下之得失，生民之利害，社稷之大计，独宰相可行之、谏官可言之耳。故士学古怀道者，仕于时，不得为宰相，必为谏官。谏官虽卑，与宰相等。宰相尊行其道，谏官卑行其言，言行道亦行也。

按：汉盖宽饶擢司隶校尉，刚直敢言，弹劾不避权位。谏大夫郑昌讼曰：『进有忧国之心，退有死节之义。上无许、史之属，下无金、张之援。亦不愧司直矣。』

按：宋田锡官左拾遗，遇事敢言，朝贵侧目。或谓锡宜少晦以远祸，锡曰：『吾岂为一官以负初志耶！』又帝作开宝寺塔，费亿万计。锡上疏云：『众谓金碧荧煌，臣以为涂膏釁血。』

为武臣以宣力御侮，为功。

按：宋王德用总管定州路，日训练士卒，久之士殊可用。会契丹有谍者来觇，或请捕杀之，德用曰：『第舍之，吾正欲其以实还告。百战百胜，不如以不战胜也。』明日故大阅，士皆踊跃思奋，乃阳下令具糗粮，听吾旗鼓所向。觇者归告，谓汉兵且大入，遂来议和。

按：宋郭永迁河北西路提举常平。会金兵南向，所过城邑，率藉冰梯城，不攻而入。永至大名闻之，急驰濠鱼之禁，人争出渔，冰不能合，遂睥睨而去。

按：司马楚之别将督军粮，柔然欲击之。俄军中有

告失驴耳者，楚之曰：『此必贼遣奸人入营觇伺，割以为信耳。贼至不久，宜急为备。』时大寒，乃伐柳为城，汲水灌之，城立而柔然至，冰坚滑不可攻，乃散去。

任选举司文柄，为国家得贤人。为功无算。

汉韦彪曰：夫忠孝之人，持心近厚，士宜以才行为先，不可纯用伐阅。然其要归，在于选二千石。二千石贤，则贡举皆得其人。

按：春秋宓子贱为单父宰，过于阳昼曰：『子亦有以送仆乎？』阳昼曰：『吾少也贱，不知治民之术。有钓道二焉，请以送子。夫极纶错饵而吸之者阳鲚也，其为鱼薄而不美。若存若亡，若食若不食者鲂也，其为鱼博而厚味。』宓子贱曰：『善。』于是未至单父，冠盖迎之者，交接于道。子贱曰：『车驱之，车驱之，夫阳昼之所谓阳鲚者

至矣。』于是至单父，请其耆老尊贤者而与之共治。孔子谓子贱曰：『子治单父众悦，何施而得之也？』对曰：『不齐之治也。父其父，子其子，恤幼孤而哀丧纪。』子曰：『小节也，小民附矣，犹未足也。』曰：『不齐所父事者五人，所友事者十一人。』子曰：『中节也，中人附矣，犹未足也。』曰：『此地之民，贤于不齐者五人，不齐事之而禀度焉，皆教不齐之道。』子曰：『其大者乃于此乎有矣。昔尧舜听天下，务求贤以资辅。夫贤者百福之宗也，神明之主也。惜乎，不齐之所治者小也。』

过格四十六

催征无法，任吏书保歇包，侵不能清楚。乱拿乱责，追呼愈急，钱粮愈淆，合县不宁。算过。

古语钱粮征比，只五字尽之。曰催得好，曰收得好，

曰放得好，曰存留得好。而又于五字之中，分官户、民户，分荒区、熟区，而要领在是矣。

陆宣公曰：建国立官，所以养人也；赋人取财，所以资国也。明君不厚其所资而害其所养，故必先人事而借其暇力，先家给而敛其余财。借必以度，敛必以时，有度则忘劳，得时则易给。是以官事无阙，人力不殚，公私相全，上下交爱。苟务取人以资国，不思立国以养人，非独徭赋繁多，忧无蠲贷，至于征收迫促，亦不矜量。蚕事方兴，已输缣税；农工未艾，遽敛国租。上司之绳责既严，下吏之威暴愈促。有者急卖，而耗其半直；无者求假，而费其倍酬。法制一亏，本末倒置。

张太岳疏云：夫赋税有定额，数年以来，或见征带征，并督于一岁。或本色折色，并征于一时。有司畏惧查

参，惟图避免。生息休养之无术，而鞭笞箠楚之日闻，民安得不困乎！宜令司计之臣，稍宽文法，分别重轻，酌量缓急，庶几催科有抚字，而民受赐也。

遇灾、遇荒，弗早申请，使民心弗安，上泽不下，究过倍算。

昔江南巡抚周公启元《救荒事宜》有曰：吾辈尽一分心力，便救一辈生灵。是赈救缓急之间，乃元元人鬼之关。试思各官自家子孙有关疾痛苦楚，能通宵贴席乎？推广是心以保灾民，思过半矣。

邱文庄曰：《周礼》十二荒政，是国家遇凶荒之时，救济之法也。遗人所掌，是国家常时收诸委积，以待凶荒施惠之法也。廪人所掌，是国家每岁计其凶丰，以为嗣岁移就之法也。此可见先王之时，其未荒也，预有以待之；

将荒也，先有以计之；既荒也，大有以救之。此三代之民，所以遇灾而无患也。

劝地方好义、救荒、积谷、练兵等事，不虚公详慎，偏听、率性，苛派不堪。算过。

查有司官吏人等，非奉该管上司明文，遇有公务，不行申请，而擅自科敛所属民人财物，及营卫管军衙门官吏人等，因公科敛军人名下之钱粮赏赐者，虽不入己，杖六十，律注甚明。若不虚公详慎，任性苛派，则必有入己者矣，律应坐赃论罪，可不谨欤！

地方利病，明知应兴应革，不肯出身担任，推卸后官，图便一时，罔计永久。算过。

天下之枉，未足以害理，而矫枉之枉尝深；天下之弊，未足以害事，而救弊之弊尝大。故处事当熟思审处。

熟思则得其情，缓处则得其当。若明知应兴应革，而不肯担任，此又阘茸无为者矣，故算过。

查事有犯，应奏请而不奏请，应申上而不申上。及小民疾苦之情，不行详报上司，使民无可控诉。或已经详报，而上司不接准题达者，处分之律甚严。当官者须实心任事，始可以寡过也。

点役不公，任吏胥作弊，合县不服。算过。

审编均徭，从公查照岁额差役，于该年均徭人户丁粮有力之家，止编本等差役，不许分外加增。余剩银两，贫难下户，并逃亡之数，听其空闲，不许征银，及额外滥设听差等项差科，违者各有应得之罪，况任胥役作弊者乎！

市井之人，应募充役，家力既非富厚，生长习见官

吏，官吏虽欲侵渔，无所措手。耕稼之民，性如麋鹿，一入州县，已自慑怖，而况家有田业，求无不应，自非廉吏，难免苦累。

好为奢侈，伤财害民，阴坏风俗。算过。

汉诏：方今世俗奢僭罔极，靡有厌足。公卿、列侯、亲属、旧臣，务广地宅，治园池，多畜奴婢，被服绮縠，设钟鼓，备女乐，车服嫁娶过制。吏民慕效，浸以成俗，而欲望百姓俭节，家给人足。岂不难哉！

张文节公曰：吾今日之俸，锦衣玉食，何患不能？顾人情繇俭入奢易，繇奢入俭难。今日之俸，岂能长有，一旦异于今日，家人习奢已久，不能顿俭而致失所。岂若我居位、去位常如一日乎！

林如靖曰：费千金为一瞬之乐，孰若散而活冻馁几

千百人；处眇躯以广厦，何如庇寒士于一厘之地乎！

使令水火夫等项人役，不给工食，以致地方借端派累。算过。

天下无工食之人役，必有派累之情弊，断不可省小费而贻大害也。其有额设工食，则按数分发，若无工食，亦当设法给与。然后役人者，如父母之令其子弟，恩爱素孚；役于人者，如指臂之获其腹心，劬劳不惮。

赊欠行铺户物件，发价迟延，算过。

地多土产者，行户必累，官其地者少不廉洁，则劳民伤财，可胜道哉！云南出大理石屏，李邦衡独寓意，于《送行诗》曰：『相思莫遣石屏赠，留刻南中德政碑。』河南出蘑菇线香，于肃愍巡抚其地，有诗云：『手帕蘑菰与线香，本资民用反为殃。清风两袖朝天去，免得闾阎话短

长。』若宦者与送行者俱如两公，则土产可以无事搜求，行户不至赔累，而地方受惠无穷矣。

借用家伙、桌椅、铺设等项，扰累地方。算过。

查官员派累兵民，修理衙署，备办铺设，并官员每年指称添换器物，修饰衙署。派累兵民者，文员照科敛律治罪，武弁照克扣律治罪。如上司勒令属员修理衙署，添换器物，发觉之日，一并议处，定例之严，正以其扰累太甚耳。

祭祀不尽诚，水旱不早祈祷，及祈祷不尽诚，惟以虚文塞责。算过。

按：宋杨仲元调宛邱簿，民诉旱，守拒之曰：『邑未尝旱，此狡吏导民而然。』仲元白之曰：『野无青草，公日宴黄堂，宜不能知，但一出郊可见矣。狡吏非他，实仲元也。』竟免其税。

按常例载，祭祀斋戒之期，务须澄涤志虑，整肃威仪，必诚必敬。祭祀之日，务须敬谨躬亲，五鼓趋赴将事，不得托故转委。其朔望行香，亦须黎明谒庙，不得迟缓任意。如怠于祀典，托故偷安，或斋期宴会，临事跛倚者，以不敬论罪。

凡公出歇宿村店，所需食物等项，系偏僻地方所无者，必欲买备，致累穷苦行户。算过。

按：唐裴宽为润州参军。一日，刺史韦铣登楼，见人于后圃若有所瘗藏者，访是裴居，问状，答曰：『宽义不以苞苴污家声，累百姓。适有饷鹿者致而去，不敢自显，故瘗之耳。』铣嗟异叹服。

按：宋李及知杭州，恶其风俗轻靡，不事游宴。一日，冒雪出郊，众谓当置酒召客。及乃独造林逋清谈，至

暮而归。居官数年，未尝市一物，惟市《乐天集》一部。

按：宋罗畸为滁州法掾。或曰：『滁贫僻地也，以公处此非宜。』畸曰：『此欧阳过化之醉乡也。青泉万斛，白云千顷，何为贫僻也。』滁民德之，祠以名宦。

开报贤否失当，随官之大小以为善恶。算过。

称农者视其谷，称牧者视其畜，察之各以其业也。设察吏者，进之者如恐弗胜，退之者如恐弗及，非不曰较著章明也，然因人言以为进退矣，采风闻以定是非矣，人情爱憎而言未必公，风闻影响而事未必实。此为所察非所业也，必不得矣。故课吏者必核其职业之守，而扩吾通辟之见。其事治，其民安，非贪慢之吏所能办也，毁之者勿听。其事不治，其民不安，非廉明之吏所宜有也，誉之者亦勿听。事迹功罪，断断不渝。如齐威所为烹阿、封即墨

者，斯则实无所遁而虚无可饰。虽课典之行，裁之自我，而情状在彼，则既悉矣，饰名不得以求功，巧文不得以逃罪，尚何吏治之不可饬乎！

受人嘱托枉良善者，受人嘱托故纵应罪者，纵真命者，纵大盗及豪强奸蠹者，算过。受赃故纵者，倍算。

徇人则失己，徇情则废法。失己之弊，一身受之，废法之害，其流及于天下。彼市法以为用情者，特未深思其终耳。夫天下滥觞作俑之事，是或有之，岂可使人谓其出于我乎！

汉文帝谕宪臣曰：『司民牧者，未尽得人，或道理不明，或律法不通，或任情以作威，或深文以锻炼，其或贪贿听嘱，颠倒是非，不顾冤抑，是何心欤！』又曰：『有改前愆，惟公惟慎，尽心听谳，民以不冤。』呜呼！公慎二字，

诚居官之要旨也。

借地方公事为名滥罚者。算过。

按定例，京城及外省衙门，不许罚取纸扎笔墨、银珠器皿、钱谷银两等项，违者计赃论罪：若有指称修理，不分有无罪犯，用强科罚米谷至五十石、银至二十两以上、绢帛贵细之物值银二十两以上者，事发降调。居官者安可不自爱欤！

按：宋汪汝达令黄岩，清操皭然。去之日，属吏致罚锾曰：『此例所应得。』公叹曰：『岂有常俸外，官尚有应得之例耶！』不受。夫居官常例，非令范也。然复有巧立名色以渔猎百姓者，总由要享温饱一念，有以致之耳。信如汪公之却常例，清风高节，自足古今共仰矣。

多问罪赎以肥私橐，以媚上司。算过。

在位当以仁厚为心，不可便己以害人。如罪之得赎，所以使民有自新之路也。设任意加罚，而烦苛其民以迎合要津，既剥之以奉上，又因之以济私，非爱养斯民之道也。

事关前任及别衙门事，明知其枉而泥成案，徇体面不与开脱者。算过。

凡事不可求异，亦不可求同，正恐复有冤抑，相与平反耳。官员正直仁厚，持虚秉公，或前官怨我立异，或他人与我不同，总付之无心。盖众官同勘一事，原为此事虚实；同勘一人，原为此人生死，岂以求媚人、求胜人哉！

潘鳞长曰：士君子为政，但当为其所宜为，不傍前人格式，不顾眼前毁誉，不较日后利害，惟求慊于心，而民未有不蒙其泽者也。

谳狱，因上官指驳，遂曲为附和者，算过。若命盗重情，不能申办冤枉者。过倍算。

史弼曰：先王疆理天下，画界分境，水土异齐，风俗不同，他郡自有，平原自无，胡可相比。若承望上司，诬陷良善，淫刑滥罚，以逞非理。则平原之人，户可为党，相有死而已，所不为也。

陆光祖令濬县。有富民枉坐重辟数十年，相沿以其富，积案如山，淹阁不决。陆至审实，即日破械出之，然后闻于台使者。使者曰：『此人富有声。』光祖曰：『但当问其枉不枉，不当问其富不富。若不枉，夷齐无生理，果枉，陶朱无死法。』此乃谳狱之要，穷极本源之快论也。存心公正者，不可无此担当。

按：唐崔仁师，于贞观元年，青州有谋反者，逮捕满黠吏皆敛迹，百姓举相庆曰：『是能辨分宁狱者，吾曹得所诉矣。』于是更相告语，勿违教命。盖不惟以得罪为忧，实以污善政为耻也。狱有囚，法不当死。部使者欲深治之，頣立争之不能，乃置手版，归取告身，委而去，曰：『如此尚可仕乎？杀人以媚人，吾不为也。』使者王逵感悟，囚遂得生。

获盗不即亲审，得其真情、真赃，致真盗漏网，扳累良民。算过。

狱情之难察，惟盗为最。善弭盗者，贼犯到官，即便亲审，细心查其形状，从容辨其虚实，盗之真情自见，真赃自获矣。若惮于任事，懒于推鞫，有实为真盗，而妄攀平人为同盗者，问官轻信其言，尽拘严审，往往搜赃不获。死于严刑，则昏庸酷暴，岂能免故勘平人之咎乎！

按：宋李及守泰州。会有屯驻禁军，白昼掣妇女银钗于市，吏执以闻。及方坐观书，召之使前。略加诘问，便伏罪，令斩之。复观书如故，将吏皆惊服。

按：汉贾琮为交趾刺史。到部，讯贼反状，咸言赋敛过重，百姓莫不空单，京师遥远，告冤无所，民不聊生。自活，故聚为盗贼。琮即移书告示，各使安其资业，招抚流移，蠲其徭役，诛斩渠帅，简选良吏，试守诸县，岁闲荡定，百姓以安。巷路为之歌曰：『贾父来晚，使我先反。今见清平，更不敢犯。』在事三年，为十三州最。

纵奸捕，借盗指赃，诈害良善。算过。

凡地方报盗，须差快壮访拿。独是捕盗者快壮，为盗者亦快壮。真盗非快壮不能审，平人非快壮不能诬，真赃非快壮不能得，假赃非快壮不能为。且此辈一执红票，间阎所至惊扰。贼未获，则与保甲人等彼此扶同，胡疑妄指，即将平人及曾为窃盗，及乞食贫民，巧拿怪绑，异拷严鞫，手执失单，逼之招认。不合，则箠楚乱加。偶合，则令招夥盗，授之口词，使之攀咬良民。苦受非刑，何所不认！然则奸捕之为害，可胜道哉！夫问刑谓之审，具报谓之详，详审二字，此圣王治狱之精意也。今之讯狱者，幸于此两字留心焉，无堕奸捕术中，使良善被害，则冤狱必少矣。

纵护衙门人，使小民含冤。过倍算。

四民之中，各有攸属，惟在官人役，男不耕耘，妇不蚕织，衣必重锦，食必粱肉，无农夫之苦，有阡陌之得。非侵食官钱，则朘削民髓。一纸书到乡，威则如虎，吏则如帝，酒楼肆食，血味侵牙。链锁踏舡，缧绁私室。荡子恣其

贪饕，贫穷重为需索。行旅者，途正遥而赀已罄；对簿者，讼未结而囊已空。甚至句摄数人，释去者七八，欲壑未盈，仇陷莫白。蠹国殃民，莫此为甚。使无以约束之，则若辈虎狼之毒，万人负累，千家愁苦，岂可以为民之父母哉！

人命不即检验伤证定案，致招情出入，拖累多人，算过。如审非真命而轻易发检，使死者不得全尸，生者多般受累。算过。

从来狱贵初情，谓犯事之始，智巧未生，而情实易得。是以人命报官之日，官即亲为相验，登记伤痕，当场审定，则初情乃确案也。倘官吏才识昏短，供招苟且，眈延累岁，苦累多人，所不免矣。甚至非真正人命，又必再更检官，再更仵作，死者既以挺刀丧命于生前，又以蒸煮

分尸于身后，则检官不慎之罪也。

汉宣帝诏曰：狱者万民之命，所以禁暴止邪，养育群生也。能使生者不怨，死者不恨，则可谓文吏矣。潘游龙曰：他讼易结，独有人命一事，最多纠缠，变态特甚。断斯狱者，信不可不详究民情也。若不明法律，则吏胥得以因缘为奸，其任意出入，害有不可胜言者矣。

服毒、投水、悬梁、图赖人命，审无威逼，辄断葬埋，以长轻生之习。算过。

《书》曰：『好生之德，洽于民心。』夫好生之心，人皆有之。乃愚民往往轻生，以为诬赖之本。惟在贤有司详慎究诘，务使情节了然，处置得宜，庶生死两不含冤，百姓赖以全活者多矣。

相验人命，憎嫌凶秽，不亲至尸前，听仵作混报者。

算过。

人命招情，全凭检验。若赴检之时，嫌其凶秽，皆不近尸，惟有尸亲仵作，喝报尸伤，或多增分寸，或乱报青红。间有犯人与尸亲争伤，而检官竟不经目，止执一笔为仵作誊录耳。及申报上司，或以伤痕不对为驳诘，问官之才力可知矣。

按：宋周敦颐提点广东南路刑狱，不惮出入之劳，瘴毒之侵，虽荒崖绝岛，人迹所不至者，亦必缓视徐按，务以洗冤泽物为己任，得罪者自以为不冤云。

用刑不当，以致罪不至死而杖毙者。过倍算。

欲令民之从善，惟恃此不忍刑之一念，有以感之。死者尚当为之求生，况法不至死耶！律有故、误二条，如酷刑以毙民者，是则故而已矣。

成祖谕执法诸臣有曰：司理之职，重民命为本。辅君之道，于仁政为务。又曰：古人不得已而用刑，故常钦恤。后世以治刑为能事，则必流于刻。又曰：匹夫匹妇不得其死，有伤天地之和，召水旱之灾。又曰：谓之钦恤者，欲其敬慎恻怛，使有罪者不幸免，无罪者不滥诛，一归至当而后已。

汉文帝诏曰：法正则民悫，罪当则民从。夫牧民而道之以善者吏也，既不能道，又以不正之法坐之，是法反害于民为暴者也。

按：宋曹彬知徐州。有吏犯罪，逾年杖之，人莫知其故。彬曰：『吾闻此人新娶妇，若杖之，舅姑必以妇为不利，而朝夕詈之矣，其何能存？吾故缓其事而法亦不废。』

纵行杖人打下腿弯，任他索诈。算过。

为治者持法不可不严，宅心不可不宽。小民苟犯三尺，固弗敢贷，然使任皂隶之需索，听从恶卒重责腿弯，或内溃割肉，或筋伤残废。牧民自有常刑，何必如是残民以逞哉！

汉文帝诏曰：岂弟君子，民之父母。今人有过，教未施而刑加焉，或欲改行为善而道亡繇也。夫刑至断肢体、刻肌肤，终身不息，何其痛楚而不德也。

按：宋赵公辅知新城，政尚宽和，不用鞭扑，推诚劳来，民乐从令。小吏有过，亦未尝谴责，或误犯禁者，但令改而已。民有罪必诲谕再三，然后罚之。在邑数年，无赫赫名，远近百姓，亲爱如慈父母，代去，攀车卧留不忍舍。

保约奉行不善，轻委衙官，反致骚扰。算过。

保甲之利有八：群起救援，御其冲，邀其归，盗将安逸？利一。互相觉察，出稽所往，奸难萌蘖，利二。有托宿于其家者，必互审诘，利三。贫富壮老俱可稽覆，利四。互相劝诫，如蓬生麻中，士行岁同，可以宾兴，利五。死丧相恤，可兴辑睦，利六。朝廷恩恤，粟帛可与，利七。阴寓兵令，可具卒乘，利八。此惟在贤有司实心行之，不致虚文相蒙。令衙官勘典，旋行旋罢，又如优人之舞戏具，一曲甫终，竟置高阁而已。若骚扰苛派，则未见其利，先受其害矣。此所以有治人，无治法也。

事不即决，淹禁停留，使讼中生讼，破人身家。算过。

庙堂之事，备于郡邑，故一日常萃百责，万姓赖我一身，即日宣上德，不无戴盆之民；日达下情，犹有向隅之泣。纵使政简地僻，岂皆事理民安？夫怠心一生，则下民

之系逮累月，多不宁家。事中之蔓引愈繁，殃及穷檐。有心民社者，当不如是之惰慢也。元帝诏曰：『方春农桑兴，百姓戮力自尽之时也。故是月劳农劝相，无使后时。今不良之吏，覆案小罪，征召证案，兴不急之事以妨百姓，使失一时之作，亡终岁之功。欲上下皆足，岂可得乎！』

听审人犯已齐，因懒惰饮宴，轻为更期，累众守候烦苦者。算过。

凡事贵于勤敏，若临事隳惰，则其精神先不足于料理。及其听决，又牵株引蔓，不得事之主脑，安能不积久加烦乎！大抵狱讼固须详审，然其弊亦生于淹阁，志在秉公者，必知所以处此耳。

按：汉陈宠少为州郡吏。时三府掾属，尊尚交游，多

以不视事为高。宠尝非之，独勤心物务，然性仁矜，及为理官，若议疑狱，尝亲自为奏，每附经典，务从宽恕。帝从之，济活者甚众。

按：宋吕公著历典六郡，皆五鼓起，秉烛视案牍，黎明出厅听讼，退就居如斋。宾僚至者，不以时拘，故郡无留滞，而下情易通，吏民甚便之。

滥准词状。算过。

民间苦事，莫甚于株连。健讼刁民，心怀奸伪，或教唆别人，或投充劲证，呈一状未问，一状又投。庸吏听信其言，书役因而为奸，累苦小民，日长刁风，岂简争息讼之道欤！

按定例，词状止许一告一诉，告实犯实证，不许波及无辜，及陆续投词，牵连原状内无名之人。如有牵连妇

女，另具投词。倘波及无辜者，一概不准，仍从重治罪。承审官于听断时，如供证已确，纵有一二人不到，非系紧要犯证，即据现在人犯成招，不得借端稽迟，违依议处。

听断如有成见，及执拗自是。算过。

中孚之象曰：君子以议狱缓死。伊川《易传》曰：『君子之于议狱，尽其忠而已。于决死，极于恻而已。天下之事，无所不尽其忠，而议狱缓死，最其大者也。乃或好读书者，多不工吏事，及能为吏者，又往往未必读书，故临事非过于迂滞，即失之杜撰，每以为恨。若好读书，工吏事，兼而有之，自必实心虚心，本忠恕之道，为明允之计，而无任性自恣之弊矣。』

昔张咏每断事，有情轻法重、情重法轻者，必先示判语，使人凛然不敢擅辩。又每采访民间事，悉得其实，尝

曰：『彼有好恶，乱我聪明，但各于其党询之又询，则事无不审矣。』李畋问其旨，曰：『询君子得君子，询小人得小人。各就其党询之，一听于理，而己无与焉，虽事有隐匿者，亦十得八九矣。』留心民隐者，当法乎此也。

纵容左道惑众及聚众赛会，不行严禁者，算过。

凡民无所遵守，则邪说易以乘而眩之，此繇司牧者之失道，非其民之罪也。譬诸饮食，既见粱肉可饱，岂有反甘恶草者耶？第其初诞降嘉种，教之烹饪，不可无其人耳。

按：宋孙觉知福州。民欠市易钱，系者甚众。有富人出钱五百万，葺佛殿，请于觉，觉徐曰：『汝辈所以施钱者何也？』曰：『愿求福耳。』觉曰：『佛殿未甚坏，佛亦未露坐，若为狱囚贷赏官逋，释此数百人桎梏之苦，即佛

亦应含笑垂慈，得福不更多乎！』富人诺之。即日囹圄一空，而福俗佞佛之风遂止。

潘鳞长曰：今世俗僧，每每串地棍做台戏，为葺殿之举，此不过倚佛为名，为诱良赌博之场耳。长人者恬不知禁，且乐给朱示，为之劝敛，藏奸构讼，为害非小。佛受暴敛之虚名，民罹剥肤之实祸，地方叵测之忧，当有不期而至者也。若果严行禁止，不唯地方受福无穷，长人者亦绝虑于叵测矣。

不禁溺女、赌博、宰牛，算过。

吾闻善甄陶者，无有不可埏之土；善制器者，无有不可断之木；则善为政者，无有不可化之俗。溺女、赌博等事，俗之最恶者也，必制为禁令，严行究革。称为仁民爱物之父母，斯不愧焉。

听信左右，指拨害人，算过。

居官理政，全凭独断。左右之人，冷言佯语，左使柔行，彼得货利，而我乱是非，所关不细，故听言不可不审也。

按：南宋商则为廪邱尉，性廉。令丞多贪，因宴会舞，令丞舞皆动手。则但回身，令丞问故，则曰：『长官动手，赞府亦动手，尉一个更动手，百姓何容活耶？』

宠任衙门人役，诈骗人财。算过。

黩货则必酷，彼以为不酷，则群情不惊，实贿不来也。黩货则必横，彼以为不颠倒曲直，则理胜于权，人心有所恃以无恐也。

黩货则必护近习通意旨，彼以为不虎噬成群，则威令不重，不曲庇私人，则过付无托。且短长既无所挟，刚

肠阴有所屈也。一贪生百酷，一酷吏又生百爪牙。此黄石斋之疏也。然则纵役诈财者，非贪吏而何！

门禁不严，致家人通同衙役作弊，算过。

家人衙役，未有不蒙官作弊者，惟严紧关防，留心稽查，尤要择其忠谨可用者，固之以恩，惕之以法而已。

不约束亲友，严禁家人，以致招摇生事。算过。

按律例内载：官员在任所，往看之亲朋，听其招摇诈骗者，官吏家人，于所部内取受求索，借贷财物，及役使部民，若买卖多取价利之类，处分甚严，惟以谨慎为要。

按：唐张镇周都督舒州。镇周以舒本其乡里，到即就故宅多市酒肴。有亲戚与之酣饮，散发箕踞，如为布衣时，凡旬日。既而分赠金帛，与之别曰：『今日张镇周犹

得与故人欢饮，明日则舒州都督，治百姓耳。官民礼隔，不得复为交游。』自是亲戚故人犯法者，一无所纵，境内肃然。

风土异宜时势异，空不虚心参酌，强不知以为知，见一偏而不见全局。算过。

夫断大事决大机者，非独巽懦观望、首鼠前却者不能也，即勇悍剽轻者不任焉。盖风土各异，不能相时度势以虚心平气处之，势必识短才庸，护非自用，欲以修政立事难矣。

刘安礼云：王荆公执政，议法改令，言者攻之甚力。明道先生尝被旨赴中堂议事，荆公方怒言者，厉色待之。先生徐曰：天下之事，非一家私议，愿公平气以听。荆公为之愧屈。

按：唐崔郾为鄂州观察使。常治陕以宽，经月不笞一人。及莅鄂，则严法峻诛，百不一贷。人问其故，曰：『陕土瘠而民贫，吾抚之犹恐其后。鄂土沃民剽，又杂以夷俗，非用威莫能制，政贵知变也。』

好长夜饮酒，登山玩水，耗费人财，累地方下役守候。算过，

张子韶曰：近日士大夫争为奢靡，相习成风。或一延客，酒皆名酝，物必奇珍。以至器皿之类，必务鲜洁，每作一会，必费二万钱。如此仕宦，安得不贪，贪必好货，取赃必矣。

按：晋陶侃为荆州刺史，士女咸相庆。侃在州无事，朝暮运百甓于内外，人问其故，答曰：『吾方致力中原，过尔优逸，恐不堪事。』其励志勤力，皆此类也。尝语人

曰：『大禹圣人乃惜寸阴，至于众人当惜分阴，岂可耽逸游荒醉？生无益于时，死无闻于后，是自弃也。』尝造船，其木头竹屑，皆令掌之。诸参佐或以谈笑废事者，乃命取酒器、蒲博之具，悉投之于江。是知人之志气，能兢惕则明，好偷惰则昏；人之精力，尝练习则强，矜安逸则弱。《易》曰：『天行健，君子自强不息。』陶侃之运甓，盖亦自强不息之义焉。若居官而图自逸，此身有一日之闲，百姓罹无涯之苦，旷职殃民，君子盖不取焉。

按：宋朱熹主泉州同安簿。日与僚属钩访民隐，至废寝食。其答范宗伯书有云，当官廉谨，是吾辈本分事，不待多说。然细微处亦当照管，不可忽略，因循怠忽。自治既不苟，更能事上以礼，接物以诚，临民以宽，御吏以法，而簿书期会之闲，亦无所不用其敬焉，则庶乎其少过

矣。暇日勿废温习，少饮酒，择交游。人以为名言。

不礼待绅矜，惟作威福，以见风采。算过。

昔任延为会稽都尉，时年十九，迎官惊其壮。及到，静泊无为。先遣馈礼祠延陵季子，聘请高行董子仪、严子陵，待以师友之礼。掾吏贫者，分俸禄以赈给之。每行县，辄使慰勉孝子顺孙，就餐饭之。吴有龙邱苌者，隐居不辱，掾吏白请召之。延曰：『龙邱先生躬德履义，有原宪、伯夷之风，都尉洒扫其门，犹惧辱焉，岂可召乎！』乃遣功曹奉谒，修书记，致医药，吏使相望于道。积岁，苌乃出署议曹祭酒，繇是郡中贤士大夫争往事焉。夫以不辱志之苌，而受署于都尉之门，然则礼义感人者，高于处人；即是高于自处，人为乐用不倦，而己亦受益无穷。徒知自大者，盖未念及此耳。

慢文士、慢下僚，算过。

圣神位育功化，只在喜怒哀乐平常自在中。无为而成，不须造作，所以谓之中庸。世之操百僚位育之权者，苟不念小官之苦，才有寸过，便遭斥逐，又好摘其疵发之，不几与圣神功化之意相悖乎！人亦可瞿然思矣。

按：晋王承守东海。有犯夜者为吏所执，承问其故，答曰：『从师受书还，不觉日暮。』承曰：『鞭挞宁戚以立威名，恐非治化之本。』使吏护送还家。夫犯夜不执，亦已足矣，更使吏送之归，尤征其能爱士矣。

昔御史乔祺谪判通州，先使人道意于知州杨鲁儒，问：『何以待我？』杨曰：『渠以御史自处，我判官之；渠以判官自处，我御史之。』乔至，而事杨维谨，杨亦待以殊礼，二人相得甚欢；爱人人爱，敬人人敬，彼以盛气加

人者，徒招侮耳。

沽名干誉，不顾前官后官者，算过。

人尝以他人境地设身自处，则胸怀自宽，必无已甚不情之事。若苛刻求誉，惟知有己，不知有人，焉知将来人之视己，不亦犹己之视人乎！《大学》论絜矩，必以上下前后左右为衡，而以『毋』概之，真万世平情之方也。

按：宋胡宿知湖州。前守滕宗谅大兴学校，费钱数十万。宗谅去后，僚吏皆疑以为欺，不肯书案。宿曰：『君辈佐滕侯久矣，苟有过，盖早正，乃阴拱以观。今侯其去后而非之，岂昔人分谤之意乎？』置不问，僚吏皆惭服。

出入行牌不信，使官役守候劳苦，供应耗费者，算过。

信为驭世之大法，苟期约不一，使民无所执守，上下

猜疑，则耽延停阁之累，可胜言乎！

按：汉郭伋牧并州，所重问民疾苦。聘求耆德，设几杖之礼，朝夕与参政事。行部到西河，有童子数百，骑竹马欢迎道左，及问儿曹何之？对曰：『闻使君来。』及事讫，诸子复送至郭外，问使君还期，伋告以某日。及先期还，伋谓失信童子，遂泊野亭，须期乃入。

开报生员优劣不确，使劝惩无益，士习日渐波靡。算过。

学校者，人才邪正之地。欲有以振士风，必有以示劝惩，惟在贤有司有倡率之实心，有稽核之成法，有激厉之良术耳。若徒听泛泛之开报，而是非颠倒，士习愈衰，民风亦不可问矣。

考试不公，使孤寒不得上进。算过。

考试乃求贤之大典，设存心未公，则徇情受贿，以名数之先后，分卖价之低昂，依荐牍之差等，为填案之甲乙，致孤寒而有抱负者，屈抑不伸，真才何由得达！司文衡者，当深戒之。

唐韦嗣立曰：古者取人，必先采乡曲之誉，然后辟于州郡；州郡有声，然后辟于五府，才著五府，然后升之天朝。用一人，所择者甚悉；擢一士，所历者甚深。用得其才则治，非其才则乱，治乱所系焉，可不深择之哉！

古者悬爵待士，惟有才者得之，若任以无才，则有才之路塞。贤人君子，所以遁迹销声，常怀叹恨者也。且贤人君子，守于正直之道，远于侥幸之门。若侥幸开，则贤者不可复出矣，贤者退，则国不可望治矣。

则妻子仆从相对赧颜，以致殒命。且其体多脆弱，有司不宜擅刑。

生员莫轻打。

干系诸生体面，有事轻则行学戒饬，重则申宪究治。即已奉院道黜革，而非干逆伦乱常大罪，宜候上司批饬发落。

监生莫轻打。

从生员援例者，固曾读孔圣书，不得轻慢。即系民间俊秀，须念富家有体面，苟非大犯，宁用罚例，劝令修庙修塘。切勿即罚，亦须谅情。盖监生家事，亦有凌替者，不可逞一时之威，而使其艰于输纳。至衙门及监铺内人，视监生为奇货，即使随收随放，费已不赀，何不省其苦费以为作福计，用为凶恶之徒作生涯乎！戒之戒之。

童生莫轻打。

童生即与齐民等，犯罪若轻，姑且试之，文理不通，不妨扑责，看笔下清通，可以作养。盖此辈最易变化，安知不因此发愤，一朝显达，后有会期。即论目前，亦实有不忍加刑者，长才见屈，入泮犹难，正宜垂悯。

妇人莫轻打。

羞愧轻生，因人耻笑，必自殒命。

旧族名门子弟莫轻打。

诗礼之家，缙绅之裔，一受官刑，则同类不齿，乡间非笑，使彼无面目做人。况先世功德，亦或有可推念者，即有所犯，须宽一分发落。非徇情面也，亦留一可新之路耳。

上司差人莫轻打。

非惜此辈，投鼠忌器。打虽理直，亦损上司颜面。有犯宜详书犯状，密申上司，彼自有处分。若畏威含忍，则又阘茸非体矣。

勿就打五

人急勿就打。

彼方急迫，打则适速其死。

人忿勿就打。

愚民执迷，方以理直自负，打则愈忿，死亦不服，气逆伤心，易于殒命。宜多方譬喻，待其自知理亏，虽打不怨。且刑以弼教，惩一人者所以儆众人，亦使受刑者之得以改过自新也。

人醉勿就打。

沈醉之人不知天地，岂晓理法？打亦不觉痛楚。倘醉语侵官，亦失体统，宜暂时保押，酒醒惩戒。

人随行远路勿就打。

被打之人若在家，自能将息，远路随行，风霜跋涉，无妻子在侧，无枕席可安，又要跟上程途，每多致命。即随行远路方回，亦勿就责，姑记之，俟来日惩治可也。

人犯远路擒来勿就打。

捉拿人犯从远路跑来，六脉奔腾，血气挠乱，即乘怒用刑，血逸攻心，致死甚易。宜待其喘息定后用刑。

且缓打五

我怒且缓打。

有怒不迁，大贤者事。盛怒之下，刑必失中。待气平，徐责问。每于怒定之后，详观怒时之刑，未有不过者。

我醉且缓打。

酒能令人气暴心粗，刑必不当。即当，人亦有议，宜检点强制之。

我病且缓打。

病中用刑，常带火性，不惟施之不当，亦恐用刑致怒，人已俱损。

我见不真且缓打。

事才入手，未见是非，遽尔用刑，倘细审本情，与刑不对，其曲在乙，先已刑甲；知甲为直，又复刑乙，不独甲刑为冤，即乙刑亦不知儆，旁观炯炯，何以自处！

我不能处分且缓打。

遇有难处之事，犯事之人，必先虑其所终作何结局，方好加刑。若浮气粗心，先就刑责，倘终难了结，反费区处。

莫又打三

已拶莫又打。

语云：十指连心，拶重之人，血方奔心，复又用刑，心慌血入，必致损命。常见人受拶者，每遇风雨之夕，叫楚不宁，为伤骨故也。嗟乎！均是皮骨，何忍至此。

已夹莫又打。

夹棍重刑，人所难受，夹时昏晕，四肢血脉，奔逸溃乱，又加刑责，岂有不死？且夹棍不列五刑，安可轻用，即使不死，一受夹棍，将成废疾，况又随之以打乎？切宜念之。

要枷莫又打。

先打后枷，屈伸不便，欲坐不能，欲卧不可。疮溃难调，足以致命，待放枷时责之未晚。

应打不打三

尊长应打，为与卑幼讼，不打。

当为之理曲直、辨尊卑，不失亲亲之宜。若一加刑，则终身不相和矣。

百姓应打，为与衙门人讼，不打。

即衙门人理直，百姓亦宜从宽。否则，我有护衙役之名，后即衙门人理屈，百姓亦不敢告矣。

工役铺行应打，为修私衙或买办自用物，不打。

其人十分可恶，亦姑恕之。不然，则人有辞不服，而我之用刑，不亦欠光明正大哉！

禁甚于打四

小事用夹棍甚于打，宜禁。

刑具中惟夹棍最重。爱民及明白官长，经年不轻用。

必强盗窝主谋杀，供质已确，不认赃，不报同夥真盗，及致死等项，本犯的系情真，死不为枉，方可一用。即诸疑狱不得不用者，止可略用恐吓，令其实吐，或稍试辄放，勿令扯满。至若户婚、田土，断不可用。

夜间用刑甚于打，宜禁。

问理必须白日，以辨情伪，夜间用刑，或遇疾病、羸怯之人，或有挟仇受贿用刑之人，或惧同谋发露、欲其灭口之人，不及审察详视，故为加重，毙人性命，切宜痛戒。

滥禁淹禁甚于打，宜禁。

狱禁重囚，徒罪以上，方行拘系，故淹禁律文甚严。乃有受人嘱托，追债追租，听信左右，挟仇枉陷，佐贰辄送仓铺。或因索贿，或因嫌隙，局闭黑狱。牢头禁子索诈不休，号呼罔闻。饥饿瘟疫，遂成冤鬼。为民父母、公祖者，